Francisque de Corcelle

L'Administration financière des États-Unis

Essai

ISBN : 978-1983822018

10 9 8 7 6 5 4 3 2 1

Francisque de Corcelle

L'Administration financière des États-Unis

Essai

Table de Matières

L'Administration financière des États-Unis

Lorsqu'il y a deux ans, un fonctionnaire public, rédacteur d'un recueil justement estimé, prétendit que les taxes du gouvernement des États-Unis étaient fort supérieures à celles de la monarchie constitutionnelle de France, il ne fut pas difficile d'apercevoir qu'il s'agissait simplement de décréditer, par des rapprochements peu adroits, toutes ces idées de gouvernement populaire et à bon marché, qui avaient servi de passeport à la royauté du 9 août. La découverte de M. Saulnier, déposée d'abord dans la *Revue Britannique*, reproduite presque en même temps par plusieurs journaux, fut ensuite publiée à part avec une extrême profusion. Il était bien naturel que le général Lafayette relevât les étranges assertions de ce publiciste. Bien persuadé qu'elles n'avaient aucune exactitude, il les soumit à l'analyse instructive de deux hommes fort compétents pour en juger : le général Bernard, que la nature de ses éminents services avait mis à portée de connaître les États-Unis, et le célèbre Fenimore Cooper, qui réunit, avec une si rare fécondité de talents, les dons gracieux du poète aux plus solides qualités de l'esprit.

Les réfutations de ces honorables correspondants furent attaquées de manière à laisser voir de plus en plus l'intention primitive de leurs adversaires. On alla jusqu'à transporter les arguments de M. Saulnier à la tribune législative, où M. Casimir Périer, président du conseil, se prévalut de l'avis de M. Rives, alors ministre des États-Unis en France (séance du 10 mars 1832). Le général Lafayette, qui avait évité de compromettre la légation américaine, se contenta d'exprimer son doute. Il reçut quelque temps après une lettre de M. Rives, qui se plaignait d'avoir été mal compris par M. Casimir Périer, et d'avoir été cité mal à propos par M. Saulnier, double réclamation qu'il le priait de faire connaître à la première occasion. Elle se présente aujourd'hui.[1]

---

1 « Surpris comme je le fuis, écrivait M. Rives au général Lafayette, de l'usage parlementaire que M. Périer a fait de mon nom, j'ai été extrêmement choqué de me voir cité par M. Saulnier que je n'ai jamais vu et à qui personne n'a pu donner comme de moi, aucune opinion qui justifiât sa citation. Les considérations politiques que ma situation présente m'impose, rendent mon silence moins fâcheux que mon intervention dans cette polémique. Bien entendu que je me réserve le droit de démentir de telles erreurs dans le monde, lorsque l'occasion s'en présen-

Le général Lafayette eut aussi l'idée d'ouvrir dans sa correspondance une nouvelle discussion avec deux amis dont il serait difficile de récuser le témoignage : M. Gallatin, l'un des membres les plus distingués du congrès jusqu'à la présidence de Jefferson et de Madisson, non moins habile ministre des finances à cette époque, plus tard ministre des États-Unis en France, et M. Edward Livingston, célèbre par ses travaux de jurisprudence, secrétaire d'état sous la présidence du général Jackson, c'est-à-dire ministre de l'intérieur et des affaires étrangères, aujourd'hui ministre plénipotentiaire à Paris.

Une lettre de M. Gallatin et des documents officiels, envoyés par le secrétaire d'état avant son départ de Washington, nous ont été communiqués. Ces documents sont des réponses aux questions que M. Livingston avait cru devoir adresser à tous les états, à toutes les villes et diverses circonscriptions de la république américaine, pour éclaircir la discussion soulevée par M. Saulnier. Voici les demandes du secrétaire d'état :

« 1° Quel est le montant de toutes les taxes annuelles destinées à couvrir dans chaque partie du territoire les dépenses des états, villes, comtés, ainsi que du gouvernement national ? 2° Quel est le nombre des ecclésiastiques de toutes les dénominations et leur salaire ? 3° Le nombre des journées de travail exigé pour la réparation des routes, des ponts, et la valeur de ces journées ? 4° L'évaluation du prix du travail, y compris celui de la nourriture, par mois et par jour, par semaine et pendant la moisson ? 5° Combien de pauvres sont-ils assistés dans des dépôts ou placés dans des familles ? à combien s'élève le nombre des pauvres à la charge des villes et comtés ? 6° Quelle est la taxe annuelle pour les écoles, le nombre des écoles, collèges, académies, et des élèves dans ces différentes institutions ? »

Six états seulement, Maine, Rhode-Island, Connecticut, Ohio, Indiana, Missouri, ont répondu ; mais les recherches de M. Livingston sont continuées par son successeur. Les tableaux encore inédits que nous avons sous les yeux, sont à la fois trop minutieux et trop étendus pour que nous puissions les reproduire ici. Nous

---

tera, et d'espérer que mes amis voudront bien en faire autant. Je ne me rappelle pas si je vous ai dit que j'avais reçu de M. Périer une excuse très positive et très aimable pour avoir employé mon nom dans la chambre. – Versailles, 23 mai 1832.

nous bornerons à en extraire les résultats généraux qui doivent d'ailleurs servir à faire connaître approximativement les dépenses totales du gouvernement des États-Unis. En effet, les six états dont la situation est connue, dépensent au moins autant que le reste de l'Union, pour le clergé, les écoles et les pauvres. On y remarque des routes, des canaux, des ponts, en aussi grand nombre, en aussi bel état que dans les plus riches contrées du monde. La position géographique et les intérêts de ces états sont on ne peut plus variés. Il faut aussi remarquer que dans ceux dont la fondation est récente les dépenses s'élèvent en raison de l'étendue superficielle du territoire ; car un gouvernement exige dès sa naissance une organisation complète, qui peut ne pas coûter davantage pour un nombre beaucoup plus considérable d'habitants. C'est ainsi que les états nouveaux contribuent ordinairement plus que les anciens, à proportion de leurs ressources, pour les routes, les tribunaux et une multitude d'établissements dont les progrès ne sont pas en rapport exact avec ceux de la population.[1] Il est donc permis d'évaluer, comme l'a fait M. Livingston, sur la base des taxes connues d'une grande partie de l'Union et de leur rapport avec le nombre des habitants, les charges du pays tout entier. L'emploi d'une semblable proportion aurait plutôt pour effet d'accroître, dans le cas présent, le chiffre des contributions nationales, que de le réduire.

Il résulte des tableaux que nous ne publions pas à cause de leur étendue, et des tableaux suivants qui en font connaître la partie essentielle, 1° qu'en 1850, les taxes locales du Maine, Rhode-Island, Connecticut, Ohio, Indiana, Missouri, s'élevaient, pour une population de 2,215,718 habitants, à 18,636,751 fr. ; 2° qu'en appliquant les bases de cette évaluation aux autres états, la totalité des charges locales des États-Unis devait être estimée à 91,095,196 fr., au lieu de 261,998,605 fr., chiffre avancé par M. Saulnier, ce qui prouve qu'il a commis une erreur d'environ 170,905,409 fr. sur cette branche des contributions américaines ; 3° que les dépenses

---

1 M. Adam Seybert, membre de la chambre des représentants des États-Unis, a publié en 1817 un tableau d'après lequel de 1789 à 1815 (pendant 25 années), les dépenses et les recettes du gouvernement fédéral, y compris le remboursement et le produit des emprunts nationaux, se sont élevées, année moyenne, à 76,779,720 fr., chiffre supérieur à ce qu'on payait en 1830, sans compter la dette. Or la population était en 1790 de 3,929,000 habitants, de 8,437,000 en 1815, de 12,866,020 en 1830. (Annales statistiques de Seybert, traduites par M. Arnold Scheffer en 1820.)

du gouvernement fédéral ne s'élevaient pas à 144,335,884 fr., mais à 130,431,475 fr., y compris l'excédent des recettes, employé pour la dernière fois cette année à l'extinction définitive de la dette, seconde erreur de 13,904,409 fr. sur les dépenses générales, qui pourtant ne comportent aucune espèce d'incertitude et de contestations.

Dans le premier et le second tableau, nous avons évalué, ainsi que le désire M. Saulnier, à 5 fr. 42 c., le dollar dont la valeur variable, selon l'état du change, descend quelquefois à 5 fr. 25 cent. Dans le troisième tableau, le budget fédéral de 1830 figure tel que M. le général Bernard l'a extrait du *National Calendar* de 1831, et tel que M. Saulnier l'a adopté en y ajoutant 13,904,884 fr. qui ne doivent pas en faire partie.

ANNÉES 1830-1831

Tableau général de toutes les taxes locales des états, comtés et villes de l'Union, pour le clergé, les routes, la milice, les pauvres, les écoles, etc., précédé d'une évaluation du prix moyen du travail.

(D'après les réponses de six états aux questions officielles qui leur ont été adressées, et les documents recueillis par le secrétaire d'état.)

PREMIER TABLEAU

		dollars et cents	francs et centimes
Valeur moyenne du travail aux États-Unis	Evaluation du prix du travail, par mois, durant toute l'année	11,02	59,73
	Par jour ordinaire	11,57	3,09
	Pendant la moisson	11,85	4,61
	Prix de la nourriture par semaine, d'un ouvrier	1,52	8,25
		dollars et cents	francs et centimes

Taxe d'états	Taxes pour les dépenses des états, sans compter la milice	2.393.670,39	12.692.577,51
Taxes de comtés	Taxes de comtés en déduisant la portion appliquée aux pauvres.	3.341.804,05	12.692.577,95
Contingent des villes	Evaluation des diverses taxes des villes	1.585.021,46	8.590.816,31
Taxe volontaire pour le clergé	Nombre des ecclésiastiques : 10,405. Evaluation de leur salaire	2.652.260,05	14.375.249,47

	Evaluation de ce qui revient à chacun : 254 d. 88 c. ; c'est à dure ; 1881 f. 44 c.		
Routes	Nombre de journées employées sur les routes : 6.479.026. Evaluation du prix total de ces journées	4.032.036,94	21.853.640,21

Milices	Nombre des miliciens 1,341,547. Nombre de jours perdus pour les revues : 3,370,679. Valeur du temps et de l'entretien des armes	1,625,808,36	8.811.881,31
Pauvres.	Nombre des pauvres (il n'est pas encore connu) ; dépense pour leur entretien	1,105,416,62	5.991.358,08
Écoles publiques	Nombre des écoles (imparfaitement connu) ; nombre des élèves 1,065,147. Taxes levées pour leur entretien, sans compter les fonds fournis par l'état	1,071,214,04	5,805,980,10
	TOTAL DES TAXES	16.807.231,91	91.095.196,94

Tableau comparé des dépenses totales des États-Unis, selon les documents officiels et selon M. Saulnier

DEUXIEME TABLEAU

		Selon les documents officiels	Selon M. Saulnier
Charges fédérales	Budget fédéral	74.450.714,36	74.450.714,36
	Remboursement de la dette	55.980.761,44	55.980.761,44
	TOTAL	130.431.574	130.431.574

Monsieur Saulnier ajoute à cette somme pour les postes

			9,341,356
	Pour frais de perception		4,563,053
	Total		444.335.884
Budet des états (y compris les frais de perception		12.973.693,51	45.892.605
Charges des villes, comtés et districts (y compris les frais de perception, les écoles et les pauvres	Pauvres	3.991.358,08	
	Écoles	5.805.980,10	
	Pour les villes	8.590.816,31	
	Comtés et districts	12.692.577,95	
	TOTAL	33.080.732,44	44.000.000
Routes		21.853.640,21	72.000.000

Milice		8.811.881,31	50.000.000
Clergé		14.375.249,47	25.000.000
Jurés			11.000.000
Routes à barrières			14.106.000
TOTAL GENERAL		221.526.671,94	406.334.489

Nous n'avons pas compté dans ce dernier tableau les sommes suivantes : 1° - 9,341,356 fr. pour les postes ; 2° - 4,563,053 fr. pour frais de perception ; 3° - 11,000,000 fr. pour indemnités aux jurés ; 4° - 14,000,000 fr. pour les péages des routes à barrières.

Voici nos raisons : Les postes aux États-Unis ne sont pas un impôt. Les recettes de ce genre de service en couvrent exactement les dépenses, à l'exception des frais d'administration centrale, portés au budget de l'Union. M. Saunier n'a pas reconnu comme un impôt dans les recettes des postes françaises, ce qui est absorbé par le transport des dépêches, et en cela il a eu parfaitement raison. Il devait rayer par conséquent la même dépense pour les États-Unis. Le service des postes françaises est porté au budget pour 36,380,000 fr. M. Saulnier en a déduit les frais de service, pour ne compter comme impôt que le bénéfice net de l'état, évalué en 1850 à 16,779,824 fr. Il n'a pas ajouté à cette somme le droit de 25 centimes que l'on paie aux maîtres de poste, par chaque cheval attelé à une voiture suspendue. Cependant ce droit est une taxe.

Quant aux 4,563,053 fr. de frais de perception, nous nous sommes assurés auprès de M. Livingston que cette somme est imaginaire. Le chiffre officiel du revenu fédéral comprend ce que la perception a coûté.

Les indemnités payées aux jurés sont en grande partie à la charge des états, et figurent ainsi dans la somme déjà évaluée de leurs dépenses. Dans quelques états, elles entrent dans les frais de procédure, supportés par les parties. Personne ne sait à quelle somme cette espèce de taxe, d'ailleurs fort restreinte, peut s'élever.

Nous avons encore effacé les 14,000,000 fr. que coûtent, selon M. Saulnier, les péages des routes à barrières, car il faudrait compter également aux États-Unis et en France les péages des canaux, routes de fer, ponts, etc. Si l'on rangeait parmi les taxes nationales les rétributions que chaque entreprise de travaux publics doit exiger de ceux qui font un usage volontaire de ses services, cela changerait entièrement les évaluations de tous les budgets du monde, et la question qui nous occupe serait fort compliquée.

En divisant les 406,334,489 fr. du budget de M. Saulnier par le nombre de la population des États-Unis en 1830 (12,866,020 habitants), on obtient une cote moyenne de 31 fr. 58 cent. par habitant.

Cependant l'impôt américain s'élève, selon lui, à 36 fr. 94 cent. par tête. Cela vient de ce qu'il a cru pouvoir retrancher tous les esclaves de la population contribuable[1] M. Émile Péreire, dans une très

---

1 Toutes les fois qu'en parlant de la république américaine, on rencontre ce malheureux mot d'esclaves noirs, il est juste d'observer qu'un si grand fléau a été imposé aux États-Unis par la Grande-Bretagne. Lorsque les colonies demandaient à ne pas recevoir d'Africains, la mère-patrie répondait qu'elle ne pouvait renoncer à un commerce si lucratif, et que les colonies étaient faites, pour la seconder. Il ne faut pas oublier que la première loi qui ait paru parmi les nations pour l'abolition de la traite fut adoptée en 1776 par la législature de Virginie et par douze autres états en 1783. La plus grande partie de l'Union a déjà opéré l'affranchissement graduel des noirs. Il existe à Liberia, sur la côte d'Afrique, une petite république noire fondée par des citoyens de tous les États-Unis. Elle prospère et peut devenir un foyer de civilisation pour le continent africain. Mais ce qui doit contribuer plus sûrement à l'émancipation qu'on peut déjà prévoir, c'est que l'entretien des esclaves devient très onéreux à ceux qui les emploient, à mesure que la concurrence victorieuse du travail libre s'établit à côté du travail forcé. Le malaise d'une semblable situation pour les planteurs a beaucoup d'influence en Virginie et surtout dans le Maryland, où l'on commence à suivre l'exemple du nord. N'est-ce pas le concours de plusieurs causes du même genre qui a fait passer la plus grande partie de l'Europe de l'esclavage domestique au servage féodal, et plus tard à différents degrés de liberté civile ? Le christianisme avait bien proclamé d'admirables maximes d'égalité et de fraternité ; mais seize siècles après son établissement, les pays les plus attachés à l'église romaine faisaient encore des esclaves sous prétexte de faire des catholiques. . Nous terminerons cette note en remarquant, avec M. Adam Seybert, que la population esclave double aux États-Unis en 25 ans 9/10es, et la population libre en 22 ans 23/100es. Or, dans nos colonies, selon M. Gautier, la race noire décroît annuellement dans la proportion de 2 ½ 0/0, et de 5 0/0 dans les colonies anglaises. Ces résultats paraissent indiquer chez les planteurs américains une supériorité morale de procédés vis-à-vis de leurs esclaves. (Voy. la statistique d'Adam Seybert et le rapport de M. Gautier, pair de France, président de la chambre du commerce de Bordeaux, sur le tarif des sucres, en 1833.)

intéressante brochure publiée en 1832, lui objectait avec beaucoup de raison que « si l'on excluait les esclaves d'une telle répartition, on pouvait tout aussi bien annuler la part d'impôt des femmes et des enfants, sous prétexte qu'ils ne s'en acquittent pas directement, et que les neuf dixièmes du revenu fédéral se composant du produit de la douane, c'est-à-dire d'un impôt de consommation, il était évident que non-seulement l'esclave américain participait comme travailleur à la formation de l'impôt, mais qu'il acquittait une taxe relativement plus forte que celle de l'homme libre, puisque son travail servait à payer sa contribution et celle de son maître. »

On lit dans le 16e numéro de la Revue Britannique de 1831, l'assertion suivante de M. Saulnier :

« M. Gallatin, autrefois ministre des États-Unis en France, et antérieurement ministre des finances de l'Union, disait un jour, en ma présence, que le peuple des États-Unis était peut-être le plus imposé après les Anglais. Cette opinion me surprit beaucoup. J'ai pu depuis en reconnaître l'exactitude. C'est par suite de ces énormes taxes qu'un habit qui, en Europe vaut 100 fr., coûte 200 fr. à New-York. Les marchands américains, quand les étrangers se récrient sur leurs prix exorbitants, observent qu'ils sont accablés d'impôts de toute espèce. »

M. Saulnier n'est pas heureux dans le choix de ses autorités. Nous avons révélé en quels termes M. Rives repoussait l'usage que la Revue Britannique voulait faire de sa prétendue adhésion à de faux jugements sur les États-Unis. Laissons parler maintenant M. Gallatin en réponse à l'anecdote qui le concerne

« Le prix du travail manuel et de tous les emplois en grande partie mécaniques, est beaucoup plus élevé ici qu'en Europe. Cette cherté des salaires tient à ce que le travail est plus demandé qu'offert, et à la surabondance des terres en comparaison du nombre actuel des habitants. D'un autre côté, nos institutions démocratiques empêchent que les salaires des emplois élevés ne soient payés au-delà de ce qu'ils valent, et, dans certains cas, les maintiennent un peu au-dessous de ce qui conviendrait. Ainsi, nous n'avons aucun des abus dont on se plaint généralement en Europe, point de pensions civiles, point de sinécures, point de salaires extravagants donnés à des officiers de hauts grades. Mais les employés d'un rang inférieur dans tous nos établissements publics coûtent davantage en proportion de leur nombre. En même temps, je puis vous affirmer, du moins pour ce qui regarde nos employés civils, qu'avec un nombre beaucoup moins grand de personnes, soit chefs, soit commis, nous faisons autant de travail qu'en France.[1] » (Lettre de M. Gallatin au général La Fayette.) M. Gallatin estime que la totalité de la dépense des états et des charges locales ou municipales s'élève à 17,000,000 dollars, ou 92,140,000 francs.

C'est 1,044,804 fr. au-delà du chiffre qui résulte des recherches du secrétaire d'état. (Voyez le premier tableau.)

Si l'on ajoute à ces 92,140,000 fr. la somme du budget fédéral, y compris même le remboursement de la dette, on voit que M. Gallatin, consulté séparément et privé des renseignements que M. Livingston pouvait obtenir dans l'exercice de ses hautes fonctions, confirme cependant toutes les données de cet écrit.

Il ne voudrait pas, il est vrai, que l'on comptât dans le budget américain ce qui est volontairement payé aux ministres des différents cultes, car, dit-il, avec beaucoup de vérité, ce n'est que par suite de l'habitude où l'on est en France de voir le clergé entretenu par le gouvernement, que l'on a pu considérer une semblable dépense aux États-Unis comme une taxe imposée aux habitants.

A son avis, le remboursement de la dette américaine est une charge temporaire qu'il faudrait aussi retrancher dans l'estimation du budget normal des États-Unis. MM. Livingston et Fenimore Cooper partagent cette opinion ; mais nous avons préféré ne pas nous y conformer dans nos calculs, afin de ne laisser à M. Saulnier aucune occasion de vaines controverses.

Il est tout simple que les correspondants du général Lafayette aient hésité à compter comme partie intégrante des dépenses habituelles de leur pays les 40 à 60,000,000 fr. que les États-Unis auront annuellement consacrés depuis l'avènement de Jefferson

1 Dans une comparaison de ce que cotte l'administration financière des deux pays, M. Saulnier était arrivé à un résultat contraire, en faisant abstraction de la cour des comptes, qui représente, avec l'administration centrale de nos finances, l'équivalent de la trésorerie de Washington. Ainsi mille employés sur dix-neuf cent dix -huit ne figuraient pas dans les calculs de la *Revue Britannique*. M. Péreire a fait voir que la trésorerie de Washington, au lieu des 154 fonctionnaires qu'elle rétribue, devrait en avoir 800, si le nombre de ses employés était proportionnellement égal à celui de notre administration financière.

à la présidence jusqu'à l'année 1835 (pendant trente-cinq ans), à l'entière extinction d'une dette de plus de 860,000,000 fr., imposée par la guerre de l'indépendance et celle de 1812 à 1815. Ces énormes remboursements, toujours opérés avec les excédents des recettes sur les dépenses, paraissent en effet une preuve de prospérité et de sagesse inouïes, plutôt qu'une véritable aggravation des charges nationales. Les États-Unis sont, jusqu'à ce jour, le seul pays du monde qui soit ainsi parvenu, par la persévérance de sa bonne administration, et malgré dix années de guerres, à se libérer de ses dettes comme d'une taxe provisoire.

Comment comparer un si heureux emploi de ses excédents de recettes avec les expédients de nos administrations financières depuis que nous sommes entraînés à des emprunts toujours croissants ? L'Angleterre, en cessant, à partir de 1829, d'amortir sa dette, a du moins réduit ses dépenses sans diminuer son crédit. Quant à nous, nous multiplions les charges qui nous font emprunter par les procédés mêmes destinés à les réduire, et nos dépenses de toutes les sortes s'accroissent en même temps que le capital de notre dette. En considérant d'une part l'amortissement des États-Unis, le seul réel et définitif, l'immobilité de la dette de l'Angleterre avec la compensation de ses réductions de taxes, qui s'élèvent, depuis six années seulement, à plus de 176,000,000 fr., et, d'un autre côté, l'accroissement simultané et réciproque de nos emprunts par nos dépenses, de nos dépenses par nos emprunts, il reste malheureusement démontré que notre système financier est le plus fâcheux qu'on ait pu choisir, et que ce serait une folie de ranger parmi nos charges temporaires les 319,000,000 fr. qui figurent dans notre budget pour le service de la dette et des pensions.

A la vérité, certains économistes, dont l'esprit complaisant se plaît à découvrir un côté heureux dans nos plus évidentes misères, prétendent que ce sera un malheur pour les États-Unis de n'avoir pas de créanciers, attendu que les dettes publiques intéressent un plus grand nombre clé familles à l'ordre social. Plaisante manière d'attacher les gens à l'ordre social, par le désordre des finances et du gouvernement ! Cette invention ressemble un peu au corset que les membres d'une secte contemporaine font lacer, dit-on, derrière leurs épaules. Savez-vous pourquoi ? Pour rappeler à chacun qu'il a besoin de son frère, et que son frère a besoin de lui. L'intention symbolique du corset vaut assurément l'utilité sociale de la dette.

D'autres esprits plus sérieux sont trop disposés à ne voir dans l'usage illimité des emprunts qu'une occasion de faire baisser l'intérêt de l'argent, en accroissant par la création des nouveaux titres conférés aux créanciers de l'état la masse des valeurs en circulation, et, à conclure de cette baisse de l'intérêt que le crédit des particuliers s'accroît avec le crédit public. On pourrait leur répondre 1° Que le crédit public, quand il est renforcé par des monopoles, diminue celui des particuliers ; 2° que la baisse du prix des capitaux n'est heureuse pour un pays que lorsqu'elle résulte de leur égale ou facile répartition ; 3° que des banques libres dans leur action, quoique soumises à de sages garanties vis-à-vis de leurs clients, diminueraient aussi l'intérêt de l'argent, sans avoir les inconvénients d'un crédit public mal dirigé. Ainsi, à la fin de cette année, les États-Unis n'auront plus de dettes, ce qui n'empêchera pas la seule ville de New-York de posséder plus de vingt banques, dont les escomptes annuels se sont élevés depuis huit ans à 565,000,000 fr., et les escomptes de Philadelphie de dépasser 800,000,000 fr., tandis que a banque de Paris n'a escompté que pour 222,000,000 fr. en 1831, 150,000,000 en 1852. De tels exemples prouvent assez que le crédit vraiment social, le crédit industriel, est fort indépendant de l'usage du crédit public.

La manière la plus rationnelle de comparer le poids des impôts en divers pays est de les évaluer en journées de travail. Sous ce point de vue, la thèse de M. Saulnier est encore moins soutenable, En effet, le prix moyen de la journée de travail en France est, selon lui, de 1 fr. 50 c., tandis qu'aux États-Unis il est de 4 fr. 50 c. Il faudra par conséquent que l'auteur de ces évaluations convienne lui-même, en se conformant à ses propres calculs, que l'impôt français étant, comme il le dit, de 31 fr. par tête, est payé en vingt jours deux tiers de travail, et que l'impôt américain n'exige que huit jours un cinquième de travail pour le chiffre, très exagéré de 36 fr. 94 c. par habitant.

Mais en prenant pour base les évaluations plus sûres de MM. Livingston et Charles Dupin, la journée de travail ne vaut que 3 fr. 9 c. (voyez le premier tableau) aux États-Unis, et 1 fr. 25 c. en France.

En 1830, le contribuable américain n'a donc été imposé pour une cote moyenne de 17 fr. 29 c., produit de tous les genres de taxes qui peuvent l'atteindre, que de cinq ou six journées de travail. En 1834, d'après le rapport communiqué le 17 décembre 1835, à la chambre des représentants, par M. Taney, nouveau secrétaire d'état, les dépenses fédérales ne s'élèveront, y compris les derniers paiements pour la dette, qu'à 127.580,807 fr. En ajoutant à cette somme celle des taxes locales, on obtient, pour 14,000,000 d'habitants, un impôt moyen de 15 fr. 60 c. (à peu près cinq jours de travail). A partir de 1835, lorsqu'on aura opéré le remboursement complet de la dette, l'impôt sera probablement réduit à quatre jours de travail.

Comparons maintenant cet impôt du citoyen des États-Unis à celui du contribuable français que M. Saulnier a évalué pour 1830, année financière qui diffère très peu de celle où nous entrons.

Budget de 1830	978,000,000 fr.
Dépenses pour la garde nationale	100,000,000
Casuel du clergé	15,700,000
TOTAL	1,095,700,000 fr.

Cote moyenne du contribuable français selon M. Saulnier : 31 fr. 4 c. (24 jours de travail).

Remarquons en passant que M. Casimir Périer évaluait notre impôt moyen à 33 fr. (séance du 10 mars. 1832). Cette différence fait voir que les prodiges de la centralisation, si dévotement exaltée par la Revue Britannique, n'empêchent pas nos habiles fonctionnaires eux-mêmes d'apprécier diversement nos dépenses générales. Quant aux dépenses locales qui ont été la principale ressource de M. Saulnier pour enfler le budget américain, il faut bien reconnaître qu'en tout pays il est difficile de les constater avec une exactitude mathématique. Si l'on voulait appliquer à la France les minutieuses recherches auxquelles M. Saulnier s'est livré pour les États-Unis seulement, et à notre avis, sans beaucoup y réfléchir, on reconnaîtrait d'assez notables lacunes dans les papiers de notre bureaucratie, et à coup sûr les questions de M. Livingston, ministre d'une nation éminemment vouée à l'anarchie, ne trouveraient pas chez nous de faciles réponses.

Sans reproduire ici les excellentes critiques de M. Péreire, qui a signalé des erreurs considérables dans les résultats de M. Saulnier, tels que nous venons de les exposer, nous demanderons pourquoi, dans un tableau composé de toutes les taxes françaises et américaines, la Revue Britannique a omis les corvées et prestations de nos chemins vicinaux, le produit des octrois dans nos villes et d'autres charges qu'on ne peut évaluer à moins de 100 millions ?

Cette addition, probablement au-dessous de la vérité, porterait notre cote moyenne à plus de 34 fr., c'est-à-dire à environ 28 journées de travail (la 13epartie de l'année).

Or, nous avons vu que la cote moyenne des États-Unis ne dépassait pas 5 journées de travail (la 73e partie de l'année), Sous ce rapport, l'impôt américain est à l'impôt français comme 13 à 73.

Il est ridicule de vouloir juger des institutions d'un pays par la cote moyenne de ses impôts. En parcourant, avec le sentiment de défiance qu'on doit apporter en pareille matière, un tableau oit M. Adrien Balbi compare les divers revenus et les diverses populations du globe entier, la Chine se présente comme le pays le moins imposé, et le gouvernement anglais comme le plus dispendieux. Assurément, le téméraire entrepreneur de statistique, dont l'insatiable curiosité a essayé de convertir en monnaie française l'impôt des Chinois, ne songeait pas à prendre leur gouvernement pour objet de ses préférences et à reléguer la Grande-Bretagne au dernier rang des nations, soit monarchiques, soit républicaines, barbares ou civilisées.

L'assiette et l'emploi des impôts, leurs diverses influences sur la masse des populations, et sous ce rapport leur évaluation en, journées de travail, tels sont les caractères essentiels qui peuvent diriger d'utiles recherches à l'occasion d'un système quelconque de finances.

« La richesse publique et la facilité de contribuer aux charges de l'état, dit M. Gallatin, ne manquent pas de s'accroître au plus haut point sous les gouvernements qui, s'abstenant de tout pouvoir arbitraire, administrent en vertu de lois égales pour tous, sans favoriser ni opprimer aucune classe particulière de personnes, ni aucune espèce de travail, et assurent une sécurité complète aux individus, à l'industrie, à la propriété. Or, ces avantages se lient au système des taxes qui peuvent être plus ou moins oppressives, partiales, et frapper les sources de l'industrie nationale ; ils dépendent aussi de la manière dont se font les, dépenses publiques, soit qu'on les applique à des objets productifs, soit qu'on en abuse pour augmenter le nombre des membres oisifs et improductifs de la société.[1] »

Ce peu de mots résume le débat fort secondaire provoqué par la Revue Britannique, et c'est par là seulement que nous pourrions juger du mérite des gouvernements dans une comparaison de leurs revenus.

Qu'y a-t-il de vraiment remarquable dans le système financier des États-Unis ? L'extinction de leur dette et l'absence de tout impôt sur les produits de l'agriculture. Ajoutez que la production elle-même en tous les genres n'y est qu'indirectement imposée et, toujours également pour toutes les industries, puisque leur loi de douane, source abondante des neuf dixièmes du revenu fédéral, a cessé, grâce au bon sens du congrès américain, de protéger les fabriques aux dépens de la masse clés consommateurs. N'étant plus qu'un impôt de consommation, c'est-à-dire un moyen de revenu public, cette loi, telle qu'on vient de la réviser, permet à chaque instant de réduire les recettes au niveau des besoins de l'état. La constitution avait bien interdit au congrès la faculté de réglementer à l'intérieur le commerce et l'industrie, mais de fâcheuses interprétations commençaient à prévaloir. Les états favorisés, en revenant au sens rationnel du pacte fédéral, ont enfin renoncé aux privilèges qui les menaçaient soit d'un déchirement, soit des misères ou fausses prospérités, dont les pays soumis, comme la France et l'Angleterre, à des tarifs protecteurs ou prohibitifs, sont de jour en jour accablés. L'heureuse issue de la dernière querelle du sud avec le nord a rétabli entre la liberté politique et la liberté industrielle un accord nécessaire qui assure à ce grand pays un long avenir de pacifiques prospérités. Or, cette crise elle-même a témoigné hautement en faveur des institutions américaines. Quand la cruelle espérance de leurs ennemis épiait une occasion de guerre civile, comment se fait-il en effet que tant de dissensions poussées à l'extrême se soient

---

1 Lettre de M. Gallatin au général Lafayette.

apaisées sans violence ? C'est que de part et d'autre, on savait que le principe toujours vivant d'une représentation nationale offrait des ressources inépuisables de conciliation. Que l'on compare ce qui s'est passé dans la Caroline du sud avec les sombres évènements de Bristol et de Lyon.

Vainement on objecterait que les réformes électorales ou législatives les plus vastes auraient été sans rapport immédiat avec ces sanglants démêlés. La situation menaçante de nos grandes villes manufacturières tient assurément à nos lois de douane, à l'assiette de nos impôts sur les produits du sol, et quoiqu'on ne puisse toucher légèrement à de si graves objets, ni attendre de nouvelles mesures financières un remède subit et universel, cependant la délibération de ces mesures n'aura d'efficacité que le jour oit elle appartiendra à une représentation large et fidèle. Jusque-là, les perfectionnements de nos homéopathes politiques administrant la liberté commerciale et industrielle, par millionièmes de scrupule, seront fort incertains.

Dans un recommandable ouvrage récemment publié par un économiste qu'on n'accusera pas de passions anti-sociales,[1] nous venons d'examiner un grand nombre de tableaux la plupart officiels, d'après lesquels l'auteur, écrivain consciencieux et animé par les plus généreux motifs, a tiré les conclusions suivantes :

« 1° Que nos lois de douane ne chargent l'importation de matières propres à la fabrication, la plupart analogues à nos produits agricoles, que de 133 fr. par 1,000 fr., tandis qu'elles chargent de 200 fr. par 1,000 fr., l'importation des objets fabriqués dont elles permettent l'entrée ; que la sortie de nos produits agricoles est chargée de six fois plus de droits proportionnellement que celle de nos produits manufacturiers, bien que le sol paie déjà la plus grande partie des impôts directs et que ses produits paient à eux seuls les octrois et les contributions indirectes ; 2° que les tissus, objets de nos fabrications qui occupent le plus de machines, forment à eux seuls plus de moitié de nos exportations et ne forment guère que le trentième de nos importations, tandis que nos produits agricoles, que nous ne pouvons obtenir que par le travail réel de nos ouvriers, forment en 1851 plus de moitié

---

1 *Recherches des causes et de la misère des peuples civilisés*, par M. De Morogues, membre du conseil-général du département du Loiret.

de nos importations, et ne forment pas le quinzième de nos exportations ; 3° que le système entier de nos lois de douane sacrifie notre agriculture aux progrès de nos fabriques, qui pourtant ne pourraient trouver de meilleurs encouragements et débouchés que dans l'aisance des deux tiers du pays voués à la culture des terres ; 4° que ces privilèges de l'industrie fabricante n'atteignent pas leur but, puisqu'ils enrichissent seulement quelques hauts spéculateurs au grand préjudice de la population ouvrière, ainsi qu'on peut le voir par des tableaux où sont enregistrés les nombres croissants de ses crimes, délits, suicides, enfants naturels ou abandonnés, décès dans les hôpitaux, etc.... ; 5° que ces effets sont constatés en tous les pays où la haute industrie et la grande culture obtiennent des privilèges aux dépens de la petite industrie et de la culture moyenne, qu'ainsi le paupérisme a envahi en Angleterre plus du quart de la population, en Hollande le sixième, en Belgique le huitième, en France, avant 1830, le seizième, tandis qu'aux États-Unis où les exportations agricoles forment les dix-neuf vingtièmes de l'exportation générale, et dans sept états du nord où pourtant le commerce et les fabriques se trouvent, relativement au nombre des habitants, dans une proportion plus forte qu'en d'autres parties de l'Union, on ne comptait, en 1826, qu'un pauvre sur 76 habitants. »

M. de Morogues propose des remèdes que nous n'adoptons pas. Il attribue à la providence du pouvoir, tel qu'il se retranche en son étroite volonté, une vertu que nous souhaitons sans l'espérer. Comment nos lois de douane seraient-elles autre chose qu'une transaction égoïste entre de petits intérêts de monopole, quand les plus hauts fonctionnaires professent sans détour l'excellence de l'intérêt personnel appliqué à l'art de gouverner ? La plus incorrigible infirmité d'un pouvoir qui s'est attiré de puissantes résistances, vient de ce qu'il ne voit en toutes choses que l'utilité de sa conservation. Son autorité n'est plus une mission ; c'est une place. Il va cherchant de nouvelles créatures qui fassent compensation au nombre de ses censeurs ou de ses ennemis, comme si l'on pouvait avoir des créatures sans nuire aux masses en qui réside la force durable. L'intérêt personnel, considéré comme ressort du gouvernement, n'est pas seulement une flétrissure, mais une contradiction. Élevez le tarif des fers ou des houilles, adjugez cet emprunt, inventez je ne sais quelle sinécure, pour capter soit une classe, soit un personnage dont vous croyez avoir besoin, toute faveur se réduira perpétuellement à faire mille fois plus d'ingrats et de jaloux qu'on ne peut obtenir de misérables amis. Le nombre des soupirants est immense, il est vrai, et ceux-là paraissent encore plus amis que tous les autres ; mais à côté se trouve la nation raisonneuse et souffrante. Ainsi l'exige la nature de r intérêt personnel qui devrait changer de nom, si, en retour de ses agaceries, il obtenait de véritables dévouements au lieu de passagères complaisances et convoitises.[1]

Pourquoi les États-Unis ont-ils une loi de douane ramenée à son but raisonnable, le revenu public, une dette qui s'éteint, des impôts légers à la production, qui n'accablent ni ne ménagent aucune classe de citoyens ? Parce que l'utilité du gouvernement n'y est pas distincte de l'utilité nationale ; parce que, dans toutes ses parties, ce gouvernement n'est et ne peut être que le pays représenté.

Ces avantages tiennent-ils au climat ? — Non, car ce pays comprend nos climats d'Europe les plus variés. — A l'étendue de ses bonnes terres non cultivées ? -L'Amérique méridionale et d'autres peuples en ont la même quantité sans aucun profit. — Aux mœurs primitives de ses habitants ? — Elles étaient monarchiques et ne le sont plus. — A ses vertus ? — Ceux qui ont imaginé ce trésor général de vertus républicaines, les contestent toutes dans le détail. — A son instruction populaire ? — Elle est remarquable en effet, et surtout heureusement appropriée à ses besoins ; mais avec un peu de bonne volonté, nous ne tarderions pas à obtenir ce même résultat. A son suffrage universel ? — La France a eu l'honneur de l'exercer, et plusieurs fois ses pouvoirs révolutionnaires en ont récusé l'expression contradictoire par des coups d'état, avant d'éprouver eux-mêmes une semblable atteinte. — A sa jeunesse ? — Il ne fait pas de folie. Il faut bien en convenir, l'Amérique du Nord doit le cours de ses prospérités à la probité intelligente et vraiment paternelle des premiers chefs qui ont eu la gloire de ramener si solidement au progrès de ses institutions, tout

---

1 Le faux système de l'intérêt personnel, pris comme unique mobile des actions humaines, était flétri du haut des chaires de la restauration comme la dernière consé-quence de ce qu'on appelait le sensualisme du siècle passé. Or, la plupart des dis-ciples d'Helvétius se sont illustrés par de généreux dévouements à la régénération de la société. Lequel vaut le mieux de démentir d'étroits principes par ses actes, ou bien de belles paroles par de vulgaires entraînements ?

ce que la philosophie du siècle passé et la pratique successive des affaires leur ont fourni d'utiles enseignements. Sa révolution s'est ensuite maintenue par un concours de salutaires habitudes et de circonstances heureuses, qui ne tiennent, pas au caractère de ses habitants, mais à la moralité sévère du début de leur gouvernement. Comme nous, ils ont eu à défendre leur révolution, et si la nôtre a su se faire reconnaître de l'Europe repoussée de nos frontières, il ne lui eût pas été plus difficile de se retrancher ensuite dans la puissance de son bon droit, que de s'égarer en de folles conquêtes.

Des discussions inouïes agitent le monde. L'économie politique est sortie de ses anciens calculs mêlés d'idylles et d'élégies pour embrasser tout ce qui touche aux conditions présentes des sociétés. Au milieu de cette effervescence des esprits, deux méthodes, contraires sont assez franchement controversées.

Les uns paraissent considérer les ressources naturelles du sol comme épuisées, les forces de l'industrie comme arrivées à leur dernier terme, et résolus qu'ils sont d'apporter un soulagement à ceux qui souffrent, n'ont aperçu d'autre moyen qu'un déplacement du pouvoir et de la richesse. Ils conçoivent bien une association définitive dont le nivellement régulier des fortunes serait le but imaginaire ; mais pour la réaliser, ils auraient besoin d'une force violente qu'ils cherchent dans une victoire du plus grand nombre, au lieu de l'attendre de la conciliation des intérêts établis. Ainsi leur association ne pourrait résulter que d'une lutte préalable d'état à état, de classe à classe ; en un mot, d'une guerre du pauvre contre le riche, c'est-à-dire contre le pauvre, car tirant sa subsistance journalière de son travail, c'est sur lui que retomberait définitivement toute dépréciation de la valeur vénale de ses œuvres, toute atteinte au crédit courant, et le premier désordre en amènerait d'interminables. Les diverses variétés de ce désespoir réduit en système peuvent être soutenues avec un honorable fanatisme ; mais la société est faite de telle façon, que leur importance est renfermée dans une controverse sans application possible ou seulement à l'usage de ceux qui veulent tenir compte de tous les avis.

D'autres, confiants dans la nature perfectible de l'humanité, la prudente souplesse de ses résolutions et ses destinées à venir, croient que l'intelligence a droit, comme l'économie et le travail, à des parts inégales, sans lesquelles toute production s'arrêterait dans une barbare inertie ; ils considèrent qu'une immense partie du sol n'est pas cultivée ou l'est fort mal, que l'art des assolements est dans l'enfance, que le crédit ne s'est jamais dirigé vers la principale industrie, l'agriculture, et que l'instruction la plus nécessaire n'est encore, arrivée qu'à la petite minorité du pays. Ils ne voient pas notre indigence dans les forces naturelles, mais dans les systèmes qui ne savent pas les utiliser, ou dans les restrictions et prohibitions qui paralysent la meilleure partie de nos forces productives. Enfin, il leur semble que des coalitions d'intérêts se trouvent sous beaucoup de rapports l'opposé d'une association générale et ils concluent que les souffrances du pays ne peuvent être soulagées que par un accroissement de prospérité pour tout le monde, attendu qu'il n'existe pas, à vrai dire, plusieurs classes opposées d'intérêt, mais un seul peuple composé de très peu de riches, d'une grande masse de fortunes strictement nécessaires, et de beaucoup trop de pauvres.

La société sera-t-elle une île sauvage destinée au dernier combattant, un couvent spartiate, une grande exploitation théocratique et industrielle, un rêve des Mille et une Nuits dans les joyeux jardins du Phalanstère, ou bien faut-il se contenter d'y voir simplement un magnifique atelier dont les ressources encore peu connues semblent réservées, soit à des maîtres plus habiles, soit à des ouvriers plus avancés dans leur éducation ?

L'atelier américain est assurément celui qui paraît offrir le plus de facilités à la conciliation des intérêts les plus divers. Cependant n'oublions pas que les États-Unis ont eu leur temps d'oppression, leurs grands seigneurs terrien, leur papier-monnaie, leur maximum, leur dette, leurs douanes protectrices, et qu'affligés encore de leur plaie la plus fâcheuse, l'esclavage des noirs, l'étendue de leurs bonnes terres non cultivées ne les a pas empêchés d'éprouver toutes sortes de tribulations dont ils se sont tirés avec une honorable persévérance.

Un moment aussi, au plus fort de leurs embarras et malgré l'abondance de leurs richesses naturelles, ils ont agité des questions de propriété. Alors, comme de nos jours, on s'est demandé quand le droit d'exister pouvait limiter le droit déposséder ? Cette question, résolue par des mesures fermes sans cruauté, ne fut que l'incident passager d'une guerre ruineuse. En dehors d'une situation extrême ou d'un jugement historique, elle est vaine en effet. La France est loin d'être réduite aux terribles nécessités qu'on se figure. L'avantage d'une grande surabondance de terres fertiles est incontestable, mais quand on en a encore beaucoup d'incultes et de mal cultivées, il peut être compensé par celui d'une plus grande accumulation de capitaux, et surtout par la bonne direction qu'on leur donnerait.[1]

Quel que soit d'ailleurs le terme de la discussion que nous venons d'indiquer, nous avons pleine confiance en ses résultats. Ne semble-t-il pas qu'elle se calme à mesure qu'elle s'étend, et que la force se met au service de la science dans ces recherches d'humanité où elles ne peuvent marcher séparément ? Une partie de la société s'en est émue avec autant de sincérité que d'autres en mettent peu à utiliser ses frayeurs ; mais les esprits faits pour marcher en avant y ont gagné du courage avec de nouvelles lumières, et cette peur que tous partageaient s'affaiblit quand on s'aperçoit combien peu elle est fondée, puisqu'elle est si générale. Les fureurs les plus déréglées, les utopies les plus bizarres ont eu leur côté utile. Elles ont contribué à élargir nos études, en nous forçant à considérer froidement les fantômes qui nous troublaient. Quand le fantôme s'est évanoui, nos jugements sont moins timides, et ce qu'on perd de temps en imprudence est ensuite largement compensé par un surcroît de fermeté tranquille.

Voyez comme une division instinctive du travail s'établit à leur insu entre les écoles, les sectes et les partis dévoués à l'œuvre commune. Si les uns s'égarent, en prêchant, sous la forme d'une théocratie hiérarchique ou d'une démocratie dictatoriale, la subversion des intérêts les plus respectables, les autres vont opposer à cette véhémence de fabuleuses conciliations, un système voluptuaire qui promet de rassasier toutes les cupidités et d'ouvrir un plein essor aux passions connues on inconnues de l'humanité. Les sociétés exclusives sont admirables pour donner à l'idée dont souvent elles se recommandent, une ardeur paradoxale qui enflamme les imaginations et popularise quelquefois ce qu'il y a de plus solitaire

---

1 Mais que faire quand un impôt ruineux grève à la fois le sol et ses produits ? Nos deux millions d'hectares de vignes, qui occupent entre la douzième et la treizième partie de la population, supportent plus de la moitié de la contribution totale du reste du territoire, l'impôt foncier sur les vignobles faisant double emploi avec celui sur les boissons. Aussi le vin de Surène est-il plus cher à Paris que le vin de Bordeaux à New-York.

en ce monde, les pensées du génie. Cette méthode paraît-elle trop sensuelle ? Elle est combattue par une autre méthode religieuse ou stoïque. Les coalitions révèlent la vue encore confuse d'une association véritable. Chaque secte brisée se divise en de nouvelles nuances, qui préparent les voies de la vérité par leur mouvement, si ce n'est par leurs découvertes.

Ceux-ci abandonnent leur premier pontife pour convenir que le roi des Français est après tout un père suprême fort tolérable, et que le pouvoir, de quelque manière qu'il soit incarné, est un type qu'il faut respecter. On dirait que les prétentions ministérielles vont théoriquement se renforcer de tout ce que ces recrues du saint-simonisme gouvernemental leur apportent d'humeur théocratique. Cette étrange alliance n'est qu'un moyen d'introduire jusque dans les feuilles officielles, telle vue sur les hypothèques ou sur les banques, que le saint-simonisme républicain ne désavouerait pas.

M. de Morogues fait un livre pour démontrer que M. Charles Dupin s'est trompé en célébrant les avantages d'une accumulation quelconque de la richesse publique, et que ce qu'il faut surtout considérer, c'est la répartition plus égale de cette richesse, menacée, selon lui, par des doctrines forcenées de nivellement. M. de Sismondi gémissait aussi, il y a douze ans, sur le sort des populations souffrantes ; mais il fallait peut-être des sectes pour transporter les intentions philantropiques de son livre dans la vie sociale. M. de Morogues subit l'influence des recherches dont il se plaint. Aucune pensée, aucune émotion ne nous semble perdue. Encore une fois, nous avons confiance en l'avenir et dans cette grande discussion contemporaine où l'indépendance de chacun est pour le moment un des meilleurs moyens de s'entendre.

Nous terminons en priant qu'on nous pardonne de si longues digressions. Si nous avons consenti à comparer, sous un point de vue financier et économique, deux pays faits pour marcher fraternellement dans de glorieuses voies, les questions d'argent ne pouvaient nous faire oublier celles qui se rattachent au progrès moral des nations, à ce besoin insatiable de vérité et de justice, qui est l'indélébile caractère de la noble nature humaine. Un gouvernement à bon marché nous plaît surtout comme la preuve et le moyen d'un ordre social équitable. Qu'importe après tout le nom donné à cet ordre social, si les conditions du droit commun le plus pur sont un jour clairement stipulées et défendues par les progrès de notre éducation commune contre toute espèce d'injuste et turbulente agression ?

En vérité, ce n'était pas la peine d'entasser des chiffres trompeurs pour nous affliger des prétendus mécomptes de la république américaine. Chaque peuple a ses inconvénients ainsi que sa pente naturelle. Un isolement complet ou une aveugle imitation lui est également impossible, car la civilisation est un enseignement mutuel qui ne sera retardé ni par de petits mensonges ni par de serviles parodies.

ISBN : 978-1983822018

www.ingramcontent.com/pod-product-compliance
Lightning Source LLC
Chambersburg PA
CBHW070934220526
45468CB00005B/1765